THE HISTORY 한국사 인물 4

이순신

THE HISTORY 한국사 인물 4
이순신

펴낸날 2023년 4월 28일 1판 1쇄

펴낸이 강진균

글 이주훈

그림 조준봉

편집·디자인 편집부

마케팅 변상섭

제작 강현배

펴낸곳 삼성당

주소 서울시 강남구 선릉로 747 삼성당빌딩 9층

대표 전화 (02)3443-2681　**팩스** (02)3443-2683

출판등록 1968년 10월 1일 제2-187호

ISBN 978-89-14-02082-6 (73990)

본 저작물은 저작권법에 따라 보호를 받는 책이므로 무단 전재와 무단 복제를 금합니다.
※ 파본은 바꾸어 드립니다.

THE HISTORY 한국사 인물 4

이순신

차례

군사놀이 ………………………………………… 11

모함을 받다 ……………………………………… 38

왜군의 침입 ……………………………………… 64

연전연승 당포해전 ……………………………… 80

백의종군··· 104

이순신의 생애 ··· 122

이순신 ·· 123

군사놀이

이순신은 1545년(인종 원년) 4월 28일에 한성의 건천동(지금의 서울 특별시 중구 인현동)에서 태어났다.

이순신이 태어난 건천동은 바로 지금의 남산 밑에 있는 곳으로 가난한 사람들이 옹기종기 모여 살던 곳이다. 이것으로 보아 이순신의 어린 시절은 그리 넉넉지 않았음을 알 수 있다.

부모님의 고향은 지금의 충청남도 아산시 염치읍 뱃골이나, 이순신은 이곳 건천동에서 어린 시절을 보냈다.

그의 집안은 대대로 높은 벼슬을 지닌 명문가였다.

그러나 이순신의 할아버지 이백록이 간신들의 모략으로 관직에서 물러난 뒤부터 아버지 이정은 벼슬할 뜻을 버리고 글만 읽으며 가난하게 살았다.

아버지 이정은 초계 변 씨를 아내로 맞아 가난한 생활을 꾸려 가는 가운데 네 아들을 두었다.

중국에서 전해 내려오는 훌륭한 임금의 이름을 따서 희신, 요신, 순신, 그리고 우신이라 이름을 지었다.

이렇듯 형제들의 이름만 보아도 자식들을 훌륭하게 키워, 나라가 필요로 하는 사람으로 만들겠다는 의지가 엿보였다.

어머니 변 씨는 가난한 살림에 항상 쪼들렸지만, 아이들을 가르치는 데는 게을리하지 않았다.

한편 이순신은 용감하고 씩씩한 소년이었다. 자주 남산에 올라가 아이들과 여러 놀이를 하며 놀았다.

그중에서도 군사놀이를 가장 즐겼다.

"모두 나를 따르라!"

"얏!"

"어이쿠! 이순신에게는 도저히 안 되겠다."

이날도 아이들은 두 패로 나누어 군사놀이를 했다.

"대장, 빨리 적을 쳐부수러 가자."

"잠깐! 그러고 가면 안 돼."

"그럼 어떻게 해야 하는데?"

"적에게 발각되지 않으려면 몸을 잘 감추어야 해. 그러려면 이렇게 풀을 뜯어 붙여야지."

마을 아이들은 이순신의 말과 행동을 그대로 따라 했다.

"너희들이 제각기 흩어져 싸우기보다는 진지를 만들어 그곳을 중심으로 힘을 합하고, 또 적의 움직임을 낱낱이 살펴야 이길 수 있는 거야. 알았어?"

이순신은 이렇듯 군사놀이에서 늘 대장 노릇을 했다.

"순신은 보통 애가 아냐."

"그래, 저놈은 아주 크게 될 놈이야."

마을 어른들은 이순신이 크게 될 인물이라고 생각했다. 그러면 그럴수록 어린 이순신은 말씨나 행동을 더욱 조심

했다.

"순신아, 노는 것도 좋지만 공부를 게을리하면 안 된다."

아버지는 늘 순신에게 당부했다. 그래서인지 이순신은 글공부도 남에게 뒤떨어지지 않았다.

하루는 글공부를 끝내고 집으로 돌아오면서 글방 친구인 류성룡과 이야기를 주고받았다.

"성룡아, 난 무인이 되겠어."

"그래, 넌 체격으로 보아 무인이 제격이야."

이순신은 류성룡보다 세 살이나 아래였으나 체격은 더 크고 늠름했다.

"성룡아, 너는 문인이 되어 나랏일을 바로잡아라. 나는 무인이 되어 나라를 지킬 테니……."

이렇게 마음먹은 이순신은 글공부는 물론 무예를 익히는 데에도 온 힘을 기울였다.

그래서 얼마 후에는 활쏘기, 말타기 등의 무예는 이순신을 따를 만한 사람이 없었다.

1572년, 이순신의 나이 스물여덟 살이 되던 해에 무사를 뽑는 훈련원 별과 시험이 있었다. 이번 시험은 특별히 임금의 명령으로 실시되는 시험이었다.

이순신은 이번이야말로 무인으로 벼슬길에 오를 좋은 기회라 생각하고 이 시험을 보아야겠다고 마음먹었다.

'나라를 위하는 길은 문과*보다 무과*가 중요해. 나는 무인이 되어야지.'

이 무렵 이순신은 보성 군수를 지낸 방진의 딸과 결혼하여 '회'와 '예'라는 두 아들을 둔 한 가정의 가장이었다. 그러나 벼슬을 하지 못해 초조하던 터였다.

반면 절친한 친구 류성룡은 여러 해 전, 문과에 급제하여 공조 좌랑의 벼슬을 지내고 있었다.

문과와 무과

문과
조선 시대 문관을 뽑던 과거. 생원과 진사, 성균관의 유생 및 하급 관료들에게 응시 자격을 주었다.

무과
조선 시대 무관을 뽑던 과거. 시험은 무예와 병서로 3년마다 실시되었으며 초시, 복시, 전시의 3단계가 있었다.

조선 시대 과거의 문과시(위쪽)와 무과시(아래쪽)

〈황학정〉
조선 시대 말기까지 남아 있던 무인의 궁술 연습장

 마침내 별과(본과 이외 비정기로 치르는 과)를 보는 날이 되었다.
 이순신은 그동안 닦은 무예를 맘껏 펼쳐 보겠다고 단단히 마음먹고 훈련원으로 갔다.
 시험은 활쏘기, 창던지기, 말타기의 순서로 진행되었다.
 활쏘기 시험에서 이순신은 지금까지 갈고닦은 실력을 발휘해 다섯 개 화살을 모두 과녁에 명중시켰다.
 이어 창던지기도 훌륭히 끝내고 말타기 차례가 되었다.
 이순신은 말 가운데 다리가 곧고 날렵해 보이는 것을 골라 안장 위로 훌쩍 뛰어올랐다. 그러자 말은 모처럼 주인을 만난 듯 넓은 마장을 쏜살같이 달리기 시작했다.

"이럇!"

"굉장하다! 장원은 저 무사가 차지하겠는걸."

"저 정도의 솜씨라면 누가 뭐래도 장원감이야."

바로 그 순간이었다.

그때까지 힘차게 달리던 말이 갑자기 요동을 치면서 말 위에 타고 있던 이순신이 땅 위로 고꾸라졌다.

구경하던 사람들이 순간 놀라 소리쳤다.

"앗!"

이순신은 말에서 떨어진 채 한동안 움직일 줄을 몰랐다.

"저런, 어쩌지? 많이 다친 모양인데……."

마침내 이순신은 간신히 몸을 일으키더니, 버드나무 쪽으로 다가갔다.

그러더니 버드나무 가지를 꺾어 다친 다리를 친친 동여매었다.

그리고 나서 말 위에 올라탔다.

구경꾼들은 이순신을 보고는 감탄해 힘껏 손뼉을 쳤다.

그러나 이순신은 말에서 떨어지는 뜻밖의 사고로 별과 시험에서 낙방하고 말았다.

하지만 이순신은 이에 낙심하지 않고 다음 과거일을 기약하며 더욱 열심히 무예를 닦았다.

어느덧 4년이라는 세월이 흘러, 다시 과거 시험에 응시한 이순신은 당당히 무과 시험에 급제했다.

이때가 이순신의 나이 서른두 살 되던 해였다.

무과에 급제한 이순신은 이듬해 함경도 국경 지역의 '동구비보'라는 작은 진지를 지키는 권관이 되었다.

권관은 종9품의 가장 낮은 벼슬이었다.

이순신은 임기 3년의 첫 벼슬을 하기 위해 가족과 이별한 채, 살을 에는 듯한 찬바람이 불던 겨울날 함경도 임지로 향했다.

추위를 무릅쓰고 여러 날 만에 동구비보에 다다른 이순신은 기가 막혔다.

첫 벼슬직에 많은 기대를 했는데 막상 와 보니 시설은 물

론 군사들의 사기 또한 말이 아니었다.

　군사들은 어서 3년이라는 임기가 끝나고 고향으로 돌아갈 날만을 손꼽아 기다리고 있었다.

　'이래서는 안 된다. 만약 이때 여진족이 들이닥친다면 어쩔 것인가! 군사들은 제대로 싸워 보지도 못하고 떼죽음을 당하고 말 것이다.'

　이순신은 군의 기강을 바로잡아야겠다고 생각했다. 곧 진지를 새로 구축하고 군사들의 사기를 북돋우는 일을 시작했다.

　그러자 지금까지 편하게만 지내던 군사들이 불평했다.

　"이게 웬 고생이람."

　"얼마나 가나 두고 보라지. 일 년만 지나면 언제 그랬냐는 듯이 모른 척할걸."

　그러나 이처럼 이순신을 비웃던 군사들도 시간이 흐르자 그의 한결같은 모습에 감동하여 명령을 잘 따랐다.

이순신이 부임한 지 불과 석 달이 못 되어 동구비보의 방위는 물론 군사들의 사기도 크게 높아졌다.

어느 날, 말을 탄 전령이 달려와 전했다.

"신임 감사께서 각 보를 순찰하신답니다."

"신임 감사께서 순찰을?"

"그러하옵니다."

'감사가 변방의 보를 돌아보는 일은 드문 일인데……. 새로 부임한 감사가 몸소 이 먼 변방 지역까지 돌아보겠다니?'

며칠 후, 마침내 감사가 순찰을 나왔다. 그는 매우 엄격한 사람으로 소문나 있었다.

군사들은 혹시 벌을 받지나 않을까 벌벌 떨었다.

"먼 길에 오시느라 고생이 많으셨습니다."

이윽고 빈틈없는 순찰이 시작되었다.

그러나 모든 것이 질서 정연하여 잘못된 곳을 찾아낼 수가 없었다.

'역시 듣던 대로 대단한 인물이군.'

신임 감사 이후백은 속으로 감탄했다.

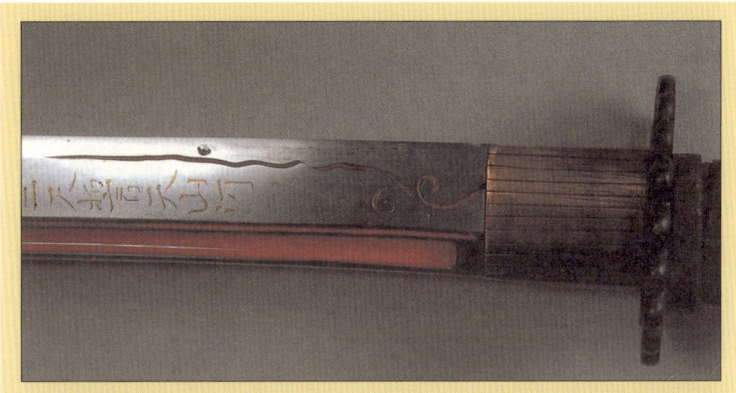

〈이순신 장검〉
검의 길이는 1.98m이며 임진왜란 중에 장군이 직접 사용했으며 '석 자 칼에 맹세하니 산과 강이 떨고 한 번 휘둘러 쓸어버리니 피가 강산을 물들이도다.'라는 문구를 친필로 새겼다.

"내 동구비보의 군사들을 위해 술과 음식을 내리겠네."

평소 엄격하기로 이름난 이후백이 벌을 주기는커녕 이순신을 비롯한 부하들에게 잔치를 베푼 것이다.

어느덧 동구비보에 온 지 3년이 되어 이순신은 또다시 한성의 훈련원 봉사로 가게 되었다.

이 훈련원은 7년 전 이순신이 별과 시험을 볼 때, 말에서 떨어져 다리를 다친 바로 그곳이었다.

그런데 이 훈련원 봉사라는 벼슬은 강직한 성품의 이순

신에게는 여러모로 맞지 않았다.

  조정의 높은 관리로부터 터무니없는 청탁이 많이 들어와서 이를 거절하기에 여념이 없었다.

  어느 날, 병조 좌랑으로 있던 서익이라고 하는 자가 이순신을 찾아왔다. 지위로 따진다면 이순신보다 훨씬 높았다.

  부탁이 있어 왔다는 서익은 선뜻 말을 못 하고 이순신의 눈치만 살폈다.

  "무슨 부탁인지 어서 말씀해 보시지요."

  이순신이 재촉하자 서익은 조용히 속삭였다.

  훈련원에서 일하고 있는 자기 친척을 정7품의 참군으로 올리려 한다는 얘기였다. 그러니 그의 기록 사항을 고쳐 달라는 부탁이었다.

  이 말을 듣고 이순신은 서익의 얼굴을 빤히 바라보며 물었다.

  "정7품 자리는 종7품이 올라가야 하는 자리가 아닙니까?"

"그래서 부탁하는 게 아닌가? 좀 잘 봐주시구려."

서익은 이순신에게 알랑거렸다.

"규칙에 어긋나는 일은 할 수 없을뿐더러 저에게는 그러한 권한이 없습니다."

이순신은 딱 잘라 거절했다.

"눈 한번 감으면 될 일을 가지고 뭘 그러시나. 몇 자 고쳐 적기만 하면 되는걸……."

"그렇다면 규정을 고쳐 놓으십시오. 그러면 저는 규정대로 기록을 만들어 드리겠습니다."

서익은 아랫벼슬인 이순신에게 창피만 당한 셈이었다.

"안 되면 할 수 없지. 좋소이다!"

서익은 이순신을 괘씸하게 생각했다.

이렇듯 여러모로 한성에서의 생활에 불편을 느끼던 이순신에게 충청도 병마절도사(오늘날의 사단장)의 시중을 드는 군관 벼슬이 주어졌다.

이순신은 충청도 병영에서도 충실히 일을 수행하여 윗사람에게는 신임을 얻고 아랫사람으로부터 존경받았다.

이듬해인 1580년 7월, 이순신은 발포의 수군만호*라는 벼슬에 올랐다. 발포는 오늘날의 전라남도 고흥군 도화면 내발리에 있는 수군 진영이며 수군만호는 종4품의 벼슬이었다.

수군은 종래에 맡았던 육군과는 달라서 새로운 경험과 지식이 필요했다.

이순신은 남다른 열성과 노력으로 수군의 형편을 파악했다. 모든 설비와 뱃길을 조사하며 수군의 전술에 관한 연구에 온 정열을 쏟았다.

그런 가운데 이순신은 생각했다.

'수군에게는 그 무엇보다 배가 중요하다.'

그 즉시 발포진에 배가 드나드는 물목의 시설을 고쳤다.

수군 만호

각 도의 여러 진에 배치되었던 종4품의 무관직. 본래 고려 시대의 무관 벼슬로 만호, 천호, 백호 등 민호의 수를 가리켰다. 이는 고려 시대에 원나라의 제도를 그대로 본떠 사용한 것으로 그 명칭이 수군에 남아 조선 초까지 쓰였다.

전라 남도 해남의 명량 대첩기념관에 있는 이순신 기념비

이렇듯 모든 일을 빈틈없이 처리하자, 이순신을 못마땅하게 여기는 사람들이 생겼다. 그들은 전라 감사 손식에게 말했다.

"이순신은 동구비보의 권관과 훈련원 봉사를 지낸 보잘것 없는 무관인데 수전과 뱃길에 대한 경험도 없이 수군 만호직에 오른 것은 부당합니다."

 전라 감사 손식은 이 말을 곧이듣고 이순신을 불러들였다.

 그리고 이순신에게 수군에서 진을 치는 법이며 해전에 대한 까다로운 질문을 했다.

 만일 그 자리에서 답변을 하지 못하면 그것을 구실삼아 수군 만호직에서 쫓아 내려고 했다.

 이순신은 전라 감사의 까다로운 질문을 받자 조목조목 예를 들어 가며 답변했다.

 그것으로도 불충분한 것은 일일이 그림을 그려 가며 자세히 설명했다.

"아! 장하도다. 정말로 장하도다."

 전라 감사 손식은 감탄했다.

〈이순신 기록화〉
이순신이 수군의 진영을 돌아보고 있는 기록화

"이 만호, 내가 잘못 알았구려."

 전라 감사 손식은 남의 말만 듣고 이순신을 의심하고 있었다. 그러나 그는 이순신의 해박한 지식과 비범한 전략을 듣고 자기 잘못을 뉘우쳤다.

 그 후에도 이순신은 자신이 맡은 일을 충실히 수행하며 해전의 전략에 관한 공부를 게을리하지 않았다.

 그러던 어느 날 아침, 이순신에게 뜻하지 않은 사건이 벌어지게 되었다.

 이순신이 해전에 대해 여러 궁리를 하고 있을 때였다. 좌수사 성박의 명령을 받은 군졸들이 이순신에게 말했다.

"좌수사께서 관아에 있는 오동나무를 베어 오라고 합니다."

"좌수사께서 오동나무를……?"

좌수사는 전라 좌도 수군의 우두머리로 이순신의 상관이었다.

"음……. 그래, 무엇에 쓰신다더냐?"

"잘은 모르나 거문고를 만드는 데 쓰시려는 듯하옵니다."

"그렇다면 베어 갈 수 없다."

"예에?"

"이 오동나무는 나라의 것이다. 수사라 할지라도 나라의 것을 사사로이 쓸 수는 없다고 전하여라."

군졸들은 아무 소리도 하지 못하고 빈손으로 돌아가는 수밖에 없었다.

이순신의 말을 전해 듣고 좌수사 성박이 노발대발했다.

"뭐라고? 괘씸한 놈 같으니라고, 감히 내 명을 막아?"

성박은 이를 갈며 분개했다.

그런 일이 있은 지 얼마 후, 좌수사 성박은 다른 곳으로 옮겨 가고 새 좌수사 이용이 부임하게 되었다.

후임으로 온 이용은 욕심이 많고, 으스대기를 좋아하는 사람이었다.

성박은 이용에게 사무 처리를 넘기면서 이순신이 자신에게 행한 일을 일러바쳤다.

"대감, 발포 만호 이순신이란 놈이 오동나무 한 그루 때문에 나에게 망신을 주었소. 제발 이 분함을 씻어 주시오."

이 말에 이용은 맞장구치며 이순신을 못마땅하게 생각했다. 무슨 트집이든지 잡으려고 벼르던 좌수사 이용은 어느 날 갑자기 자신이 맡아 다스리고 있는 다섯 군데의 진포를 점검했다.

사전 예고도 없이 실시된 점검인 만큼 각 진포에서는 크게 당황했다.

대부분 명단에 적힌 인원에 비해 군졸 수가 훨씬 모자랐다. 그러나 발포만은 병을 앓아 빠진 3명을 제외하고는 모두 제자리에 있었다.

그러나 이용은 이를 트집 잡아 이순신을 꾸짖었다.
"아니, 이래 가지고 어찌 만호의 직책을 다했단 말인가!"
이용은 이순신이 직무에 태만하다며, 조정에 벌줄 것을 청하는 장계를 써서 올려 보냈다.

비록 3명뿐이지만 결석자가 있었던 것은 사실이므로 이순신은 아무 말도 하지 못하고 이용의 꾸지람을 모두 들었다.

그런데 이용이 부당한 처벌을 할 뿐만 아니라 장계까지 보냈다는 소식을 듣고 이순신은 화가 치밀었다.

이순신은 이미 다른 진포에도 결석자가 수십 명씩 있었다는 사실을 알고 있었다.

만약 이용의 장계를 보고 조정에서 자신에게 벌을 내린다면 그 명단을 조정에 올려 부당한 처사를 폭로하겠다고 생각했다.

이를 눈치챈 이용의 부하들이 전말을 알렸다.
"수사님, 발포진은 결석자가 가장 적었을 뿐만 아니라, 이순신은 이미 다른 진포의 결석자 명단을 가지고 있다고 합니다. 그런데 만일 장계가 조정에 올라가면 수사님에게도 좋지 않을 듯합니다."

이용은 금세 얼굴이 새파랗게 질리더니 곧 장계를 가지고 떠난 병사를 되돌아오게 했다.

이 사건으로 이용은 이순신을 더욱 미워하게 되었다.

역사 속으로

류성룡(1542~1607)

　조선 중기의 문신으로, 호는 서애이며 이황의 문인이다. 1564년(명종 19년) 소과에 합격하고, 1566년 별시 문과에 급제했다. 1582년 대사헌에 승진하고 1583년 경상도 관찰사로 임명되었다가 다음 해 예조판서가 되었다. 1589년 대사헌·병조판서·지중추부사를 지냈으며 그 해 정여립의 모반 사건으로 관직에서 물러났다. 1590년 우의정에 오르고 풍원 부원군에 봉해졌다.

　1591년 왜란이 있을 것을 대비하여 형조 정랑 권율을 의주 목사에, 정읍 현감 이순신을 전라도 좌수사로 천거했다. 1592년 4월 일본이 침입하자 영의정이 되어 왕을 호종했으나 평양에 이르러 나라를 그르쳤다는 반대파의 탄핵을 받고 면직되었다.

　1593년 다시 영의정에 올라 4도 도체찰사를 겸하여 군사를 총지휘했다. 1604년 호성 공신 2등이 되고 다시 풍원 부원군에 봉해졌다. 도학·문장·글씨·덕행으로 이름을 떨쳤으며, 안동 병산 서원에 배향되었다.

별과

조선 시대 과거에서 치르던 정기 시험이 아닌 부정기 시험을 말한다. 국가에 큰 경사가 있을 때 하는 증광시, 작은 경사가 있을 때 하는 별시, 국왕이 문묘에 참배한 뒤 명륜당에서 개설한 알성시 등이 있다. 증광시에는 소과·문과·무과·잡과 등이 있으며, 별시·알성시에는 문과·무과만 있었다.

별시는 경사가 있을 때와 10년에 한 번 당하관을 시험하는 중시가 있을 때 시행한 것으로, 문과·무과만 있었다. 처음에는 일정한 시행 규칙이 없이 그때마다 정했으며, 영조 때 일정한 규정이 생겼다. 초시 때 300~600명을 뽑고 마지막 전시 때 많으면 30명, 적으면 3명을 뽑았다.

여진족

동부 만주에 살던 퉁구스 계통의 민족으로 여직이라고도 불린다. 이 민족의 명칭은 춘추 전국 시대에는 숙신, 한나라 때는 읍루, 남북조 시대에는 물길, 수나라, 당나라 때는 말갈로 불렸다.

여진족이 우리나라와 관계를 맺은 것은 발해가 멸망한 뒤 이

들이 그 고토에 자리 잡은 고려 초기부터이다.

조선 초기의 대여진 정책은 회유와 무력의 양면 정책을 썼다. 회유 정책으로는 귀순을 장려하여 관직·토지·주택을 주어 귀순자를 우대했고 1406년(태종 6년)에는 함경도 경성과 경원에 무역소를 설치해 조공 무역 및 국경 무역을 허락했으며, 한양에는 이들의 사신을 접대하는 북평관까지 설치했다. 무력 정책으로는 국경 지방에 진보를 설치하여 전략촌으로 바꾸어 방비를 강화했고, 복속하지 않는 여진족의 본거지를 토벌했다.

〈누루하치 1559~1626〉
중국 청나라를 창건하고 초대 황제에 오른다.

조선의 북쪽 변방에서 크고 작은 말썽을 일으켜 온 여진족은 명나라가 임진왜란 때 조선에 원병해 준 것을 계기로 국력이 약해지자 이 틈을 타 세력을 확장해 나갔다.

그러다가 여진의 후손인 누르하치가 청나라를 세우고 1616년(광해군 8년) 정묘호란과 병자호란을 일으켰다.

모함을 받다

1581년(선조 14년) 봄, 한성에서 경차관이 내려왔다.

경차관이란 지방의 벼슬아치들이 일을 잘하고 있는지를 조사하는 사람이었다.

그런데 공교롭게도 전라도를 담당한 경차관은 다름 아닌 서익이라는 인물이었다.

서익은 이순신이 훈련원 봉사로 있을 때, 자기 친척을 참군 자리에 올리려고 했던 바로 그 사람이었다.

'원수는 외나무다리에서 만난다더니…….'

〈현충사〉
충남 아산시에 있는 충무공 이순신의 사당으로 1706년 세워졌다.

서익은 이번 기회에 이순신에게 앙갚음하겠다고 마음먹고 어떻게 해서든지 흠을 잡으려고 눈을 번득였다. 그러나 발포진은 다른 진과는 비교도 안 될 만큼 잘 정돈되어 있었다.

그러자 서익은 조정에 거짓 보고를 하여 이순신을 만호 자리에서 쫓아냈다.

하지만 그다음 해 5월, 억울하게 파면당했던 이순신은 그 누명을 벗고 다시 훈련원의 봉사로 임명되었다. 이 무렵, 북쪽의 국경 지역에서는 여진족이 자주 국경을 넘나들고 있었다.

그러더니 1583년 1월에는 1만여 명이나 되는 여진족이 쳐들어오는 일이 발생했다.

조정에서는 전라 좌수사 이용을 방어사로 임명하여 여진족과 싸우도록 했다.

"필요한 인물이 있으면 말해 보아라."

임금님이 이용에게 묻자 이용은 자신을 도와 일해 줄 사람을 생각했다.

"이순신이라면 믿을 만하옵니다. 이순신을 데려가게 해 주시옵소서."

이용은 생각다 못해 조정에 이순신을 천거했다.

그는 이순신을 그다지 달갑게 생각지는 않았으나, 틀림없는 사람이라고 생각했다.

1583년(선조 16년), 정언신은 순찰사가 되어 총책임을 맡고 이용을 남병사, 김우서를 북병사로 삼아 군사 8천 명을 이끌고 함경도로 떠났다.

이때 순찰사 정언신은 이순신을 군관으로 두기에는 아

깝다고 여겼다. 그래서 이순신을 다시 함경도 북쪽에 있는 건원보의 권관으로 김우서 밑에서 일하게 했다.

건원보는 여진족이 자주 넘나들며 약탈을 일삼던 진지였으나, 이순신이 간 다음부터는 여진족이 얼씬도 못 했다.

게다가 이순신은 꾀를 써서 여진족의 우두머리 리탕개를 죽여 그 세력을 꺾고 다시는 우리 땅을 넘나들지 못하게 했다.

이 소식을 전해 듣고 조정에서는 이순신에게 상을 내리려 했다. 그러자 북병사 김우서는 이를 시샘해, 이순신이 명령을 어겼다는 당치도 않은 이유를 보고하여 훼방 놓았다.

이때 이순신에게 슬픈 소식이 전해졌다.
그해 11월, 아버지가 세상을 떠난 것이다.
이순신은 벼슬을 내놓고 아산으로 내려가 아버지의 삼년상을 치르며 자식 된 도리를 다했다.
그 후 이순신은 다시 함경도 북쪽 국경 지역에 있는 조산보의 만호와 두만강 어귀의 섬인 녹둔도의 둔전관을 겸

했다.

　녹둔도는 강을 사이에 두고 여진족과 가까이 접해 있어 외적 침입의 우려가 많은 곳이었다.

　그뿐만 아니라 이 섬에 머무르고 있는 군사의 수가 너무 적어 항상 위태로웠다. 이순신은 이 사실을 북병사 이일에게 알리고 군사를 더 보내 달라는 공문을 보냈다.

　그러나 북병사 이일은 이순신의 요청을 무시하고 군사를 보내 주지 않았다.

　얼마 후, 이순신이 우려한 대로 여진족의 무리가 한꺼번에 녹둔도로 쳐들어왔다. 이순신은 적은 군사로나마 여진족을 맞아 용감히 싸웠다.

　이윽고 기회를 엿보던 이순신은 적의 우두머리를 활로 쏴 쓰러뜨렸다.

　그러자 적군은 약탈한 재물을 놓고 도망치기 시작했다.

　이순신은 군사들을 이끌고 여진족을 뒤쫓았다.

　"끝까지 추격하라!"

　그리하여 잡혀간 백성 60여 명을 되찾아오는 커다란 성과를 올렸다.

하지만 북병사 이일은 이순신을 칭찬하기는커녕 자기 잘못이 드러날까 두려워 조정에 거짓 보고를 했다.

"이것을 조정에 전하거라. 그리고 이순신을 불러들여라."

조정에 보낸 글에는 이순신의 잘못으로 싸움에 크게 져서 큰 피해를 입었다고 적혀 있었다.

북병사 이일은 본영의 널따란 뜰에 형틀을 준비해 놓고 이순신을 꿇어앉히고 문초했다.

"녹둔도 둔전관은 어찌하여 여진족과의 싸움에서 졌는지 숨김없이 말하라."

이일은 큰소리로 호령했다.

이순신은 얼굴빛 하나 변하지 않고 답변했다.

"소인은 이런 일이 있을 줄 미리 알고 군사를 보내 달라고 여러 차례 공문을 보낸 줄로 아뢰오."

이순신은 또박또박 사리를 따져 가며 말했다.

"하오나, 사또께옵서는 제 청을 들어주지 않으신 가운데 이번 싸움이 있었던 것이오. 그때 소인이 보냈던 공문의 초본을 가지고 있소이다. 만약에 상감께옵서 공문을 보신다면, 누구에게 책임이 있는지 아실 것입니다."

"뭐라고?"

북병사 이일은 버럭 성을 내었다.

"그리고 이번 싸움은 진 것이 아니라 이긴것이옵니다. 사로잡혀 있던 백성들을 구출해 왔으며, 여진족을 물리친 것 또한 사또께서 잘 알고 계시지 않습니까? 그러하거늘 어째서 소인을 벌하려 하십니까?"

이순신은 자세를 가다듬고 말했다.

"……."

이순신의 사리에 닿는 말에 북병사 이일은 아무 대꾸도 하지 못했다.

이 싸움은 이순신이 군사를 보내 달라고 했으나 이일이 군사를 보내 주지 않았고, 이를 눈여겨본 여진족이 녹둔도를 얕잡아 보고 침입했다. 그런 만큼 이번 싸움의 책임은 북병사 이일이 져야 할 것인데 모두 이순신에게 뒤집어씌웠던 것이다.

이 일로 이순신은 벼슬을 내놓고 백의종군(평민의 신분으로 전쟁터에 나감)하게 되었다.

그러나 이순신은 조금도 낙심하거나 안타까워하지 않았다. 그렇다고 원망하지도 않았다.

그로부터 얼마 후, 큰 싸움에서 공을 세우고서야 백의종군에서 풀려날 수 있었다. 그리고 잠시 고향인 아산에 내려가 쉬고 있던 이순신에게 다시 벼슬길에 오를 기회가 주어졌다.

전라도 관찰사로 있던 이광이 이순신의 뛰어난 무예와 곧은 마음씨를 알고 자기 밑에서 일할 군관으로 추천한 것이다.

이때에도 이순신은 관찰사 이광을 도와 자기가 맡은 일을 충실히 수행했다.

그러자 그 소문이 곧 조정에 전해져서 이순신은 1589년, 정읍 고을의 현감이 되었다. 그의 나이 마흔다섯 살 때였다.

지금까지 군인 생활만 하다 고을을 다스리는 현감이 되

어 어려움이 많았으나, 백성들의 일을 자기 일처럼 여기고 따뜻이 보살폈다. 그리하여 마침내 이순신은 어진 현감으로 고을 백성들의 칭송을 한몸에 받게 되었다.

이 무렵, 이순신은 두 형이 모두 세상을 떠나 조카들까지 떠맡아 돌보아야 하는 형편이었다.

그러나 많은 식구를 거느려야만 하는 어려운 형편에도 불구하고 이순신은 공과 사를 뚜렷이 구별하며 임무에 충실했다.

그리고 얼마 후에는 정읍과 함께 이웃한 태인 고을의 현감까지도 겸하게 되었다.

1591년(선조 24년) 봄, 이순신은 어릴 적 친구인 류성룡의 추천으로 전라 좌수사에 올라 여수로 내려가게 되었다.

이순신은 중요한 임무를 맡고 여수에 당도하기는 했으나, 수군의 형편은 이루 말할 수가 없었다.

병기는 낡고 부족한데다가 군사들은 오합지졸을 모은 듯해서 군기가 형편없이 흐트러져 있었다.

이순신은 부임하는 즉시 못 쓰게 된 무기를 손질하고, 군

〈거북선〉
이순신이 전라 좌수사에 올라 만들었으며 거북선 또는 귀선이라 부른다.

사들을 훈련시키며 군대의 기강을 바로잡았다.

한편, 여러 지역에서 유능한 목수를 불러들였다.

이순신은 곧 괴상한 모양의 배 그림을 그려 주고 목수들에게 배를 만들게 했다.

"쓱싹쓱싹."

"뚝딱뚝딱."

수군의 진영에서는 나무 켜는 소리와 못질하는 소리가 크게 울려 퍼졌다.

이순신은 하루도 빼놓지 않고 군사를 훈련시키는 한편,

틈틈이 배 만드는 것을 지켜보았다.

"세상에 원참, 이런 배가 어디 있어?"

"글쎄 말이오. 내 20여 년간 배를 만들어 왔지만, 이런 배는 처음 만들어 보오."

"이게 정말 배랍니까?"

이순신이 자리를 비우면 목수들은 저희끼리 수군거리며 은근히 비웃었다.

밤낮을 가리지 않고 작업을 계속한 덕분에 몇 달 뒤에 배 한 척이 완성되었다.

꼭 거북 모양을 한 이상스러운 배였다.

이순신은 거북선을 어루만지며 생각했다.

'이런 배가 스무 척만 있다면 왜군이 쳐들어와도 아무런 걱정이 없을 텐데…….'

이때 녹도 만호 정운이 다가서며 말했다.

"과연 훌륭합니다. 거북선을 당해 낼 배는 이 세상에 단 한 척도 없을 것입니다."

"그렇습니다, 장군님."

군관 송희도 좋아하며 말했다.

"이제는 마음이 든든하고 힘이 솟는 것 같습니다."

하지만 이순신이 하는 일을 못마땅해하는 무리도 있었다.

"흥! 어림없는 소리지."

그중에 한 사람이 순천 부사 심유성이었다.

"그리 좋아할 일만도 아닌 것 같소이다."

"무슨 말이오?"

"왜군이 쳐들어올까 봐 많은 돈을 들여 거북선을 만든 것 같은데, 일본에 사신으로 다녀온 김성일의 말에 따르면 왜군은 우리나라를 침략할 뜻이 없는 것 같소이다."

"글쎄올시다. 차차 알게 되겠지요."

이순신은 더 이상 말을 하지 않고 잠자코 있었다.

그 무렵 일본에서는 도요토미 히데요시가 정권을 잡고 우리나라뿐만 아니라, 중국까지 정복하려는 야망을 품고 있었다.

반면에, 우리나라에서는 오래전에 왜구가 쳐들어올 것에 대비하여 율곡 이이가 10만 양병설을 주장했지만, 조정의 대신들은 귀담아듣지 않고 붕당 정치에만 정신이 팔려 있었다.

그런 가운데 '왜군이 쳐들어올 것이다'라는 소문이 나돌자 조정에서는 모르는 체할 수가 없었다.

그래서 김성일과 황윤길을 통신사*로 임명해 일본에 다녀오게 했다.

그런데 일본을 다녀온 두 사람의 보고는 너무도 달랐다.

김성일은 다음과 같이 말했다.

"일본은 우리나라를 침략할 기색이 조금도 없는 것 같습니다."

반면에 황윤길은 그와 반대로 보고했다.

통신사

조선 시대에 일본에 파견하던 사신. 통신사는 외교 사절의 역할뿐만 아니라 우리 문화를 일본에 전하는 구실을 하여 일본 문화 발달에 영향을 미쳤다. 김성일은 임진왜란 직전인 1590년에 일본의 도요토미 히데요시를 직접 만났다.

일본을 방문하는 조선 통신사 일행

"일본은 꼭 우리나라에 쳐들어올 것입니다."
서로 다른 의견에 조정은 혼란스러웠다.
이때 순천 부사 심유성이 호군 신립 장군에게 말했다.
"이순신이 거북선 20척을 새로 만들려고 하는 계획은 돈만 낭비할 뿐 옳지 못합니다."

그러자 신립 일파는 수군을 폐지하고, 육군에만 힘을 기울여야 한다는 상소를 임금에게 올렸다.

심유성과 신립은 서인들이었다.

당시 조정은 서인과 동인으로 나누어져 반대파가 하는 일이면 무조건 옳지 않다며 반대하고, 자기네 파가 하는 일이면 모두 옳다고 고집을 부렸다.

반면에 이순신은 동인이었다.

서인들은 육군의 확대는 찬성했으나 이순신이 하는 일을 나쁘다고 하며 옳게 보려고 하지 않았다.

신립의 상소를 받은 선조는 여러 신하를 불러 놓고 의논했다. 그러나 어전 회의(임금 앞에서 중신들이 모여서 하는 회의)에서까지 동인과 서인으로 나뉘어 갈팡

질팡했다.

서인과 가까운 신하들은 앞을 다투어 말했다.

"전하, 알다시피 일본은 섬나라이옵니다. 그러므로 바다에서의 싸움은 우리에게 불리하니 바다에서 육지로 올라오면 그때 무찌르는 것이 좋을 줄로 아옵니다."

"그러하옵니다. 하오니 수군을 늘리거나 배 만드는 일은 그만두고, 육군의 숫자를 더 늘려 힘을 키우는 것이 마땅한 줄로 아옵니다."

이와 같은 말에 선조는 마음이 흔들려서 수군을 축소할 교지를 준비했다.

조정에서 수군을 축소하려는 움직임이 있다는 소식을 전해 들은 이순신은 자신의 의견을 밝힌 상소를 올렸다.

이순신의 상소를 본 선조는 다시 생각하게 되었다.

'이토록 훌륭한 장수가 있다니!'

선조는 마음속 깊이 감탄했다. 그리고 마침내 결단을 내리게 되었다.

"과인이 생각건대, 왜군이 육지를 밟은 뒤에 물리친다면 이미 늦소. 그러니 수군을 그대로 놔두는 것이 좋겠소."

선조는 수군을 축소하고자 주장하는 여러 신하의 의견을 물리쳤다.

하지만 대세는 이미 기울어져 이순신이 주장한, 수군을 늘리는 일은 어렵게 되고 말았다.

그러나 이순신은 수군을 강화하려는 뜻을 굽히지 않고 거북선의 건조와 군사들의 훈련에 박차를 가했다.

좌수영의 널따란 앞마당에서는 톱과 망치질 소리가 그치지 않고 계속되었다.

1592년 3월 27일이었다.

마침내 이순신은 거북선을 시험해 보기로 했다.

거북선은 지금까지 쓰던 배와 다르게 철갑으로 선체를 꾸미고 배 안에서 화포를 쏠 수 있게 만든 새로운 군함이었다.

수군들이 둘러서서 지켜보는 가운데 용머리 쪽에 화약을 잔뜩 넣고 불을 당겨 보았다.

〈화포〉
조선 수군의 주력 무기였다. (거북선 안에서 화포 발사를 준비하는 군사들)

"푸직, 푸지직, 꽝!"

우렁찬 화포 소리가 천지를 뒤흔들었다.

화포 소리와 함께 용의 머리에서 큰 불길이 확 터지며 수많은 불화살이 쏟아졌다.

"이제 됐구나. 여기에 돛만 달면 왜군을 물리칠 훌륭한 거북선이 되겠어."

이순신은 함박웃음을 지으며 중얼거렸다.

"과연 훌륭하십니다."

"아주 놀라운데요."

배를 둘러보던 군사들은 모두 감탄해 마지않았다.

4월 12일, 드디어 거북선을 물에 띄우는 날이었다.

"와! 돛대가 세워졌다."

소식을 전해 들은 사람들이 각 지방에서 몰려들었다.

"야! 저게 배야?"

"저렇게 크고 무거운 배가 물에 뜰까?"

북소리를 신호로 거북선이 바다로 미끄러져 나갔다.

바다로 미끄러져 나간 거북선은 오색 깃발을 나부끼며 가볍게 물 위에 두둥실 떴다.

구경꾼들의 환호성이 땅과 하늘을 뒤흔들었다.

사납게 생긴 거북선의 입에서는 계속해서 불길이 솟아오르고 배 둘레의 구멍에서는 거대한 화포가 터져 나왔다.

"꽝!"

이에 놀란 구경꾼들은 환호했다.

"와! 와!"

이를 지켜본 이순신은 누구보다도 기뻤다. 온갖 반대와 조롱을 받으면서 만든 거북선이었기 때문이다.

역사 속으로

거북선

임진왜란 당시 승전의 상징물 같았던 거북선은 조선 수군의 주력 전함의 하나인 판옥선을 개조한 전함으로 판옥선과는 형제지간과 같은 배다. 거북선은 순수한 우리 고유의 조선 방식에 의해 만들어진 국산 전함으로서 병

〈판옥선〉
배 밑이 평평한 평저선이라 튼튼한 선체로 왜선을 충파하고 선회가 쉬워 화포 사격 후 반대편에 설치한 화포로 쉴 새 없이 사격하였다. 배 위의 높은 누각은 넓은 시야를 제공해 지휘하기에 좋았다.

사들은 화포와 함께 화살 끝에 화약을 달아 놓은 화전을 쏘았다. 거북선 안에서 쉴 새 없이 쏘아 대는 포탄과 불화살 공격을 받은 배는 불에 타서 침몰되는 경우가 많았다. 병사들은 거북선의 이동 방향, 상대방의 위치에 따라 사방에 설치된 포문으로 공격해

빠른 공격술을 자랑했다. 두께가 12센티미터 이상의 튼튼한 소나무로 만들었고 바닷물 속에서 녹이 슬지 않는 나무못을 사용했으며 충격에 강한 구조로 만들어진 거북선은 상대방의 전함과 부딪혀 침몰시키는 저돌적인 전술을 사용할 수 있었다.

도요토미 히데요시

1500년대 일본 전국 시대 통일을 이룩한 장수이다. 하급 무사인 기노시타 야우에몬의 아들로 태어나, 젊어서는 기노시타 도키치로, 후에는 하시바 히데요시라고 불리다가, 후에 도요토미라는 성을 썼다. 1558년 이후 오다 노부나가의 휘하에서 두각을 나타낸 후 중용되어 아케치 미스히데의 배반으로 죽은 오다 노부나가의 원수를 갚음과 동시에 그 뒤를 이어 일본 천하 통일을 이룩했다. 도요토미 히데요시는 통일은 이루었지만 아직도 자신에게 위협이 되는 무력 세력이 있다는 것을 알고 그들의 관심을 외국 정벌로 돌리기로 마음먹었다. 그리하여 명나라를 친다는 구실로 조선에 길을 내달라고 요구, 임진왜란을 일으켰다.

서인과 동인

붕당은 사림이 정권을 잡기 위한 분화 과정에서 갈려 나온 집단을 일컫는다. 1575년(선조 8년) 직위는 높지 않지만 인사권을 쥘 수 있다는 점에서 권력의 노른자위로 여겨진 이조 전랑직이라는 관직 때문에 서인의 심의겸과 동인의 김효원이 대립한 일로 비롯되었다.

〈퇴계 이황〉
조선의 성리학을 발전시키는 일에 전념한 대학자이다.

동인은 이황, 조식 등 영남학파 집단이었고 서인은 이이를 중심으로 한 기호학파 집단이었다. 훗날 동인은 또다시 남인과 북인으로 나뉜다. 계기는 1591년 왕세자 책봉 문제 때 죄를 입은 서인 정철의 처벌 문제 때문이었다. 이때 온건파(류성룡)는 남인으로, 강경파(이산해)는 북인으로 나뉘었고 그 후 강경파 북인이 정치 주도권을 장악했다.

왜군의 침입

1592년(선조 25년) 4월, 거북선을 완성한 지 채 한 달도 안 된 어느 날이었다. 이 날 이순신은 웬일인지 마음이 심란하여 동헌에 나가지 않고 있었다.

이때, 군관이 황급히 달려왔다.

"경상 우도 수군절도사 원균 사또께서 보내신 공문이 도착했습니다."

이순신은 심상치 않은 예감이 번득 스쳤다.

공문을 뜯어 보니 뜻밖의 소식이었다.

왜선 90여 척이 쓰시마 섬을 떠나 부산포로 향하고 있다는 것이었다.

"왜선이? 드디어 침략이 시작되었구나."

이순신은 입술을 지그시 깨물며 한동안 생각에 잠겼다.

얼마 후, 원균으로부터 두 번째 소식이 왔다. 왜선 50여 척이 벌써 부산포 가까이 도착했다는 내용이었다.

이순신은 곧바로 직속 군관들을 모아 놓고 의견을 물었다.

"여러분들의 의견을 듣고 싶소. 경상도 앞바다는 이미 적의 수중으로 들어가고 말았소. 경상도 수사들이 도망쳤다고 하니 우리 전라 좌수영에서는 어떻게 대처하는 것이 좋겠소?"

군관들의 의견은 두 갈래로 나누어졌다.

"경상도도 내 나라 땅이니 나가 싸워야 합니다."

"아닙니다. 경상도는 뱃길에 익숙지 못하니 여기서 기다리는 편이 옳습니다."

이때 녹도 만호 정운이 일어서며 외쳤다.

"나라의 녹을 먹고 훈련을 쌓은 건 모두 적과 싸우기 위함이 아니오? 우리 목숨을 걸고 나가 싸웁시다."

그러자 여러 사람의 의견을 듣고 있던 이순신이 나서며 위엄 있게 말했다.

"옳은 말이오. 나라가 이토록 위급할 때 어찌 관할이 다르다고 지체할 수 있겠소."

그리고 이순신은 각 진에 명령했다.

"각 진과 포는 빨리 군사와 병선을 정돈하여 적과 싸울 태세를 갖추어라!"

그 사이 왜군은 하루 만에 부산진을 함락하고 그 기세를 몰아 동래성까지 쳐들어왔다.

당시 일본은 계속된 전란으로

인해 육군은 실전으로 훈련되었고 군사력은 매우 강했다.

동래 부사 송상현은 왜군을 맞아 죽을힘을 다해 싸웠다.

왜군의 선봉대가 동래성 남문 밖에 진을 치고 글을 써서 우리 진영에 보냈다.

'우리들은 명나라를 치러 가는 길이니, 길을 빌려주시오.'

이 글은 수년 전 도요토미 히데요시가 대마도주에게 명령하여 조선에 명나라 정복을 위한 협조를 요청하였던 글이었으며 이는 조선을 침략하기 위한 명분이었다.

글을 본 동래 부사 송상현은 죽으면 죽었지 길을 빌려주지 못하겠다는 글을 써서 동래성 꼭대기에 붙여 끝까지 싸울 것을 다짐했다.

"에잇! 괘씸한 조선 놈들 같으니, 조총을 쏘아라!"

그러자 왜군 10만 명이 동래성을 에워싸고 조총*을 마구 쏘아 대기 시작했다.

송상현이 이끄는 군사는 얼마 되지 않았으나 왜군에 맞

서 끝까지 싸웠다.

피비린내 나는 치열한 싸움이 계속되었다.

"죽기를 각오하고 싸워라!"

왜군은 조총을 쏘는데 우리 군사는 활로 싸우니 그 어려움은 이루 말할 수 없었다.

이렇듯 왜군을 맞아 열심히 싸웠지만, 마침내 동래 부사 송상현은 장렬히 전사하고 말았다.

동래성이 무너지자 연이어 양산과 김해가 함락되었다. 왜군은 북으로 북으로 진격하며 밀양, 경주, 창원마저 휩쓸었다.

태평세월을 보내고 있던 우리나라는 갑자기 당한 난리에 삽시간에 무너져 갔다.

조총(鳥銃)

1543년 일본을 표류하던 포르투갈의 상선에서 수렵용으로 쓰이던 것이 전해졌다. 일본은 모조품을 양산했고 수년 뒤 일본 전국으로 퍼지게 되었으며 일본의 주력 무기가 된다. 1591년 대마도주가 조선에 선물했으나 조총의 위력을 알지 못했다. 임진왜란 때에 왜군이 조총을 사용하여 우리나라에 큰 타격을 주었다.

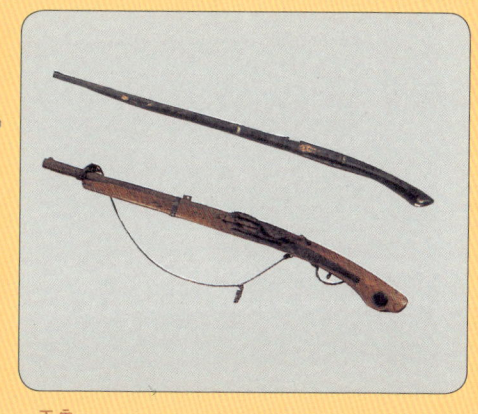

조총

전국에서 들려오는 소식이란 모두가 끔찍한 것뿐이었다.

이런 소식을 접한 이순신은 몹시 슬펐다.

마음 같아서는 당장 달려가 싸우고 싶었지만, 선조의 명령이 없이는 군사를 일으킬 수 없었다.

조정에서는 왜군이 부산을 휩쓸고 한성을 향해 진격해 오는 위급한 상황을 알고서야 어전 회의를 열었다.

"경들은 들으시오. 왜군이 부산을 휩쓸고 한성 쪽으로 쳐들어오고 있다는데 이 일을 어찌하면 좋겠소?"

선조는 조심스러운 낯빛으로 말했으나, 어전 회의는 물을 끼얹은 듯 조용하기만 했다.

"아뢰옵기 황송하오나, 육지의 싸움에 가장 이름이 높은 이일과 신립을 보내어 적을 막게 하옵소서."

조정에서는 신립과 이일을 보내 적과 싸우게 하고는 승전의 소식을 기다리고 있었다. 그러나 이일과 신립은 일찍이 북방 오랑캐들과는 싸운 경험이 있으나 날랜 왜군의 전술과 실력은 모르고 있었다.

마침내 4월 27일, 이일이 상주 싸움에서 패하여 청주로

피했다는 소식이 왔다.

또한 충주 탄금대 전투에 나갔던 신립이 적과 싸우다가 목숨을 잃었다는 소식이 전해졌다.

이에 선조는 서둘러 한성을 떠나 개성, 평양 방면으로 피난길에 나섰다. 그러면서 명나라에 사신을 보내 구원병을 요청했다.

한편, 이순신은 전투 준비를 마치고 선조의 명령을 기다리다가 결심했다.

'이렇게 기다리고만 있을 수 없다. 나아가 싸우자.'

이순신은 바다에서라도 왜군을 무찔러 그들의 연락을 끊고 식량이나 병력 수송을 못 하도록 해야겠다고 생각했다.

5월 2일 낮, 이순신은 배에 올라 허리에 찬 칼을 힘차게 뽑아 들고 우렁찬 목소리로 외쳤다.

"나아가 싸우자! 왜군들이 우리의 강토를 짓밟고 있으니 닥치는 대로 목을 베어라."

"와아!"

군사들의 사기는 하늘을 찌를 듯했다.

5월 4일 새벽, 안개가 자욱이 덮인 여수 앞바다에 이순신의 함대가 늠름하게 그 모습을 나타냈다.

"둥! 둥! 둥!"

요란한 북소리와 함께 출동 명령이 내려졌다.

이순신은 크고 작은 배와 거북선을 합쳐 80여 척의 전선을 거느리고 앞으로 나아갔다.

새벽바람에 전선의 깃발은 힘차게 펄럭였다.

이순신의 함대는 남해안을 항해하며 왜군의 함대를 수색했다. 그러나 이날은 하루 종일 적과 만나지 못했다.

이틀이 지난 오후, 당포 앞바다로 나아갔을 때 뒤늦게 출동한 경상 우수사 원균의 배를 만났다.

그리고 얼마 후 경상 우수영의 배 5척을 만나, 이들로부터 사정 얘기를 듣고 송미포 앞바다에서 밤을 보냈다.

다음 날 새벽, 이순신의 함대는 왜군이 있다는 가덕으로 향했다.

점심때쯤 거제도 옥포 앞바다를 지나려 하는데, 왜선이

무리지어 있는 것을 발견했다.

이순신은 곧바로 기*를 올려 여러 장수들을 불러들였다.

그러자 이순신이 탄 배의 깃발을 보고 사방에서 병선들이 모여들었다.

"적군이 나타났으니 있는 힘을 다해 싸워라. 망령되이 움직이지 말라! 산처럼 무거이 침착하라!."

옥포의 선창에는 왜선 50여 척이 배를 선창에 대 놓은 채 마을로 올라가 약탈을 일삼고 있었다.

이순신 함대는 옥포로 들어가는 포구를 막고 적의 함대를 향해 일제히 나아갔다.

기(旗)

헝겊이나 종이 따위에 그림이나 부호를 새겨 넣어 나타내는 표상. 기가 처음 보인 것은 고구려 벽화 안악 3호분 '행렬도'에서 나타난 의장기이다. 또 신라 때 백제와의 싸움에서 군기를 사용하기도 했는데 군기는 순수한 기라기보다는 가마나 수레를 호위하는 의장기의 성격이 강했다.

갖가지 기를 꽂아 위용을 자랑하는 거북선

"총공격하라!"

왜군들은 갑자기 나타난 이순신의 함대를 보고 서둘러 배에 올라탔다.

"조선 배가 나타났다. 빨리 타라!"

곧 왜군의 배 몇 척이 바다 한가운데로 나오기 시작했다.

"드디어 적군의 함대가 나타났다. 북을 울려라! 적의 배를 향해 공격하라."

우리 수군의 북소리와 함께 화살이 소나기처럼 적선을 향해 쏟아졌다.

왜군도 지지 않고 소총을 쏘며 달려들었다.

이순신은 북을 빠르게 울려 싸움을 재촉했다.

처음에는 싸움을 주저하던 배들도 앞을 다투어 적선을 향해 나아갔다.

전부장 배홍립이 왜군의 배 2척을 쳐부수자 뒤를 이어 낙안 군수 좌부장 신호가 커다란 배 1척을 또 쳐부수었다.

그리고 중부장 어영담은 화약을 매단 화살을 쏘아 적선 3척에 불을 질렀다. 그러자 왜군들의 아우성이 하늘을 찔

렀다.

　원균의 군사들도 왜선을 5척이나 쳐부수어 모두 25척의 배를 격파시켰다.

　첫 싸움에서 이순신은 아주 커다란 공을 세웠다.

　이순신의 활약으로 큰 타격을 입은 왜군들은 남은 배를 이끌고 황급히 거제도 쪽으로 달아났다.

　옥포 싸움이 끝나자 이순신이 이끄는 함대는 창원 남포 앞바다에 도착해 닻*을 내렸다.

　이날 밤, 이순신은 승리한 군사들을 위해 술을 내어 사기를 북돋웠다.

　다음 날 일찍, 고성 땅 적진포에 진을 치고 있는 왜선을 치기 위해 출동했다.

닻

배를 한곳에 머물러 있게 하는 데 쓰이는 용구. 쇠나 돌을 매단 나무 따위를 밧줄이나 쇠줄에 매어 배 위에서 물 밑으로 떨어뜨리면 흙바닥에 박혀 배가 움직이지 못하게 된다. 이때 배는 바람이나 조류에 의해 움직이거나 밀리지 않는다.

닻을 올리고 있는 모습

이순신의 좌수영 함대가 왜선을 뒤쫓아가며 공격했다. 군사들의 사기에 놀란 왜군들은 이리저리 도망칠 뿐이었다.

이 싸움에서 왜선 42척을 격파했다. 이순신은 다시 전선을 이끌고 거제 앞바다로 진지를 옮겼다.

이순신이 몇몇 장수들과 작전 계획을 세우고 있을 때 전라 감사 최첨견에게서 편지가 왔다.

그 편지에는 임금이 백성을 두고 한성을 떠나 평안도로 피난 갔다는 내용이 적혀 있었다.

"아! 이를 어쩐단 말이냐. 육지는 온통 왜군들로 덮여 있는 모양이구나!"

이순신은 편지를 들고 탄식했다.

마음 같아서는 당장 왜군이 몰려 있는 부산 앞바다로 가고 싶었다. 하지만 이순신은 경상 우수사 원균과 상의하여 일단 전라 좌수군 감영이 있는 여수로 돌아왔다.

역사 속으로

명나라

1368년 주원장이 강남에서 일어나 몽골족이 세운 원나라를 북쪽으로 몰아내고 세운 중국의 통일 왕조(1368~1644)이다.

주원장(태조)은 금릉에서 즉위하여 나라 이름을 '명', 연호를 '홍무'라 정하고 왕위에 올랐다.

명나라의 기반은 태조와 영락제 때 확립되었다. 태조의 넷째 아들인 연왕은 '정난의 역'을 일으켜 연호를 영락이라 정하고 왕위에 올랐다.

영락제(성조)는 국내 정책으로는 북방에 봉해진 왕들을 남방으로 옮기거나 서인으로 폐했으며, 중앙 행정 기구에는 내각 제도를 설립했다. 내정을 정비함과 아울러 적극적인 대외 정책을 펴 1421년 북쪽 변방을 침입하는 몽골의

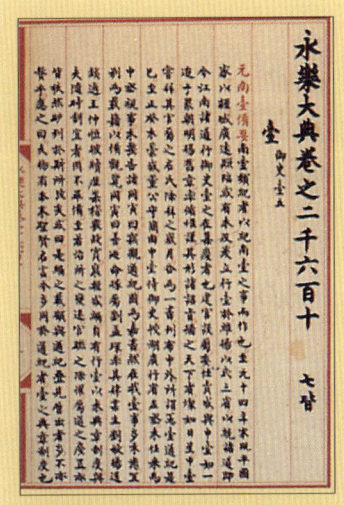

〈영락대전〉
영락제의 칙명에 따라 편찬한 중국 최대의 유서이다.

위협에 대항하기 위해 도성을 난징에서 베이징으로 옮겼다. 또 남쪽으로 원정하여 남방의 30여 개 나라로 하여금 명나라에 조공을 바치게 했으며, 이는 화교가 동남 아시아로 진출하는 계기가 되었다.

그러나 15세기 중반 이후 북로남왜(북쪽의 오랑캐와 남쪽의 왜놈이라는 뜻으로, 중국 명나라 중기 이후 나타난 남북의 외환을 이르던 말)에 시달리고 환관의 전횡과 당쟁, 농민의 반란이 끊이지 않다가 결국 1644년 16대 277년 만에 만주족이 세운 청나라에 의해 멸망했다.

원균

조선 선조 때의 무신으로, 임진왜란 때 이순신 장군과 함께 많은 공을 세웠다. 무과에 급제한 뒤 선전관을 거쳐 조산 만호로 있을 때 변방 오랑캐를 무찌른 공으로 부령 부사로 특진되었고, 1592년(선조 25년) 경상 우수사가 되었다.

그해 4월 임진왜란이 일어나자 전라 좌수사 이순신의 원병 지

원으로 옥포·당포 등지에서 계속 승리했다. 그러나 옥포 해전에 대한 공으로 조정에서 이순신에게는 자헌 대부를, 그에게는 1품계 아래인 가선 대부를 내리면서 이순신과 사이가 벌어졌다. 이어 1593년 이순신이 삼도 수군통제사가 되어 지휘권을 장악하자 크게 반발했다. 1594년 충청 병사로 전출되었고 다시 전라 좌병사로 전속되었다. 그 뒤 이순신이 옥에 갇히자 1597년 경상 우수사 겸 경상도 통제사로 임명되어 삼도 수군을 통제하게 되었다. 삼도 수군을 이끌고 칠천량 해전에서 왜적과 싸웠으나 대패하고 이 싸움에서 전사했다.

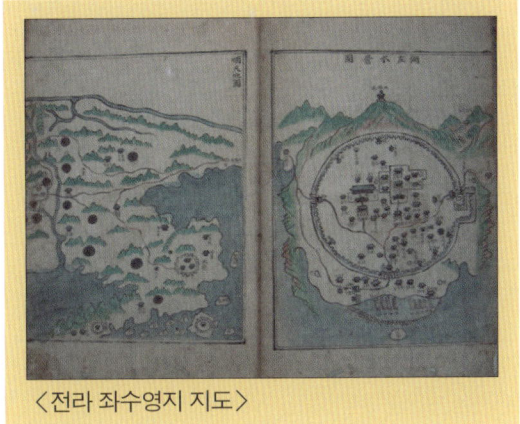

〈전라 좌수영지 지도〉

1604년 이순신·권율과 함께 선무공신 1등으로 좌찬성에 추증되고 원릉군에 추봉되었다.

연전연승 당포해전

첫 번째 싸움에서 크게 이겼지만, 왜군의 수군 부대에 큰 타격을 줄 만한 것은 아니었다.

우리나라의 육군은 왜군을 맞아 동래와 충주에서 힘껏 싸웠다. 그러나 전투 경험이 많고, 병력의 숫자가 많은 왜군을 당해 내지는 못했다.

그러자 왜군들은 거침없이 북으로, 북으로 계속 진군했다.

한편 4월 15일, 경상 우수사 원균으로부터 공문이 날아들었다.

부산 앞바다에 왜선 수백 척이 있으나 무역선인듯 하오.

이순신은 불길한 기운을 느꼈다.
왜군이 부산포에 상륙한 지 20일 만에 한성이 함락되었는데 이때가 1592년 5월 2일이었다.
5월 27일, 경상 우수사 원균으로부터 공문이 날아들었다.

왜선이 사천, 곤양 등을 침범하고 있소. 나도 남해 노량으로 진을 옮기니 함께 왜군을 무찔러 주시오.

이순신은 이 소식을 듣고 이틀 뒤인 29일, 거북선을 포함한 23척의 전선을 이끌고 노량 앞바다로 향했다.
이번 출전에도 거북선을 앞세웠다.
그러자 이순신의 군사들은 사기가 하늘을 찌를 듯했다.

이순신이 노량 앞바다에 다다랐을 때, 원균은 겨우 배 3척을 거느리고 나타났다.

"장군, 내가 지켜야 하는데 이곳까지 이렇게 오게 해서 면목이 없구려."

원균은 이순신에게 다가와 인사말을 했다.

"이게 다 나라를 지키는 일인데요. 함께 힘을 모아 왜군을 물리칩시다."

이순신은 원균의 말이 언짢았으나 그대로 인사를 받았다.

그때 곤양 쪽에서 왜선 한 척이 사천 쪽으로 쏜살같이 달리고 있는 것을 발견했다.

"저 배를 잡아라!"

이순신은 재빨리 명령을 내렸다. 그리고는 남해 현령 기효근과 함께 적선을 뒤쫓아가 쳐부수고 불을 질렀다.

이순신이 이끄는 함대는 사기가 오를 대로 올라 사천 쪽으로 계속 배를 몰아갔다.

사천 선창에는 10척이 넘는 왜군의 배가 줄을 지어 있었다.

바로 그때였다.

"탕탕탕……."

"총알이 비 오듯 쏟아지는구나. 음……."

"장군님! 어찌하오리까?"

이순신은 한 가지 계략을 생각해 냈다.

"저놈들이 우리를 업신여기고 있으니 도망치는 척하여 끌어낸 다음 쳐부수자. 모두 후퇴하라!"

과연 이순신의 계략이 들어맞았다.

왜군들은 추격하라고 외치며 신이 나서 뒤쫓아 왔다.

"어서 추격하라!"

이순신이 쫓기는 척하며 바다 한가운데로 나와서는 군사들에게 명령을 내렸다.

"모두 뱃머리를 돌려 싸울 준비를 해라!"

그러자 돌격대장 이기남, 이언량이 거북선을 이끌고 적선으로 달려들었다.

"북을 울려라!"

거북선은 입에서 불꽃과 연기를 뿜었고 군사들은 천지포, 지자포, 현자포, 화자포 등을 마구 쏘아 댔다.

이순신은 쉬지 않고 선두에 서서 싸움을 지휘했다.

왜군들은 마지막 힘을 다해 이순신이 탄 배를 향해 맹렬히 사격해 왔다.

비 오듯 쏟아지는 총알 속에서 싸움을 지휘하던 이순신은 어느 순간 날아든 총알에 왼쪽 어깨를 맞았다.

이순신은 손으로 상처를 만져 보았다. 붉은 피가 묻어 나왔다.

그때 이순신의 옆에 서 있던 한 군관이 놀라 소리쳤다.

"어서 안으로 드시지요."

군관이 이순신을 부축하며 선실로 들어가도록 권했다.

그러나 이순신은 얼굴 하나 찡그리지 않고 오히려 호령했다.

"내 걱정은 말고 어서 싸움을 계속하라!"

그러고는 칼끝으로 살을 찢고 어깨에 박힌 총탄을 뽑아냈다. 그런 상황에서도 이순신은 눈썹 하나 까딱하지 않고 묵묵히 아픔을 참고 견뎠다.

얼마 후 마지막 남은 왜선 3척마저 다 쳐부수니 해는 서산으로 뉘엿뉘엿 넘어가고 있었다.

모량포로 진을 옮기고 닻을 내리니, 여러 장수가 모여들어 이순신의 부상을 걱정했다.

그날 모량포 바다에서 하루를 쉬고, 그 이튿날 오후에 당포를 향해 진군했다.

당포 포구에는 왜선이 줄을 지어 닻을 내리고 있다고 했다. 큰 배가 9척, 중간 배가 12척으로 모두 21척이었다.

이순신은 상처를 치료하고 당포로 진군을 계속했다.

거북선이 앞장서서 왜선 가운데로 달려갔다.

거북선은 곧 왜군의 대장이 탄 배부터 공격하여 왜군의 기세를 꺾어 놓은 다음 공격을 시작했다.

이때 사천 부사 권준이 왜군 장수를 향해 활을 쏘았다.

"앗!"

비명과 함께 적장은 이마에 화살을 맞고는 거꾸러졌다. 그러자 왜군들은 놀라서 사방으로 도망치기에 바빴다.

이순신이 이끄는 군사들은 더 사기가 올라 달아나는 왜선을 한 척도 남김없이 침몰시켜 버렸다.

이때 또 다른 왜군의 무리가 당포로 달려오고 있다는 소식이 들려왔다. 이순신은 그들과 싸우기 위해 바다로 나아갔다.

그 이튿날인 6월 4일 전라 우수사 이억기가 거느린 25척의 함대가 당포에서 합류했다.

이로써 거대한 연합 함대가 이루어졌다.

전라 좌도와 우도의 수군을 합쳐서 50여 척의 배가 모이니, 실로 그 기세는 하늘을 찌를 듯했다.

"이만하면 많은 왜군을 맞아도 이길 자신이 있소. 우리 힘을 합쳐 무찌릅시다."

이순신의 말에 전라 우수사 이억기도 뜻을 함께했다.

"그렇고말고요. 우리도 장군의 뜻에 따라 끝까지 운명을 함께 하겠습니다."

"고성의 당항포를 향해 뱃머리를 돌려라!"

이순신은 왜군의 함대가 거제도에서 하루를 지내고 당항

포로 갔다는 정보를 얻고는 명령을 내렸다.

당항포는 좁은 협만*을 한참 들어가는 곳이어서 육지로 에워싸인 포구로 왜군의 무리가 있으리라고는 상상도 못할 그런 곳이었다.

이순신은 지형을 자세히 살펴본 후 4척의 배를 포구로 보내고 다른 함정은 숨어 있게 했다. 그리고 왜선이 공격해 오더라도 싸우지 말고 적을 유인하도록 명령을 내렸다.

이리하여 4척의 함대를 이끌고 군사들이 포구 쪽으로 들어가 공격하자 왜선도 선창에 나와서 반격을 해 왔다.

"왜군들이 육지로 올라가면 죄 없는 백성들을 해치고 약탈할 것이다. 그러니 왜놈들의 상륙을 막아야 한다."

이 같은 이순신의 명령에 군사들은 화포를 몇 번 쏘며 싸

협만

내륙으로 물이 들어와서 이루어진 좁고 긴 만으로 피요르 또는 피오르해안이라고도 한다. 해안선이 심하게 들쭉날쭉하며 물이 깊어 어항으로 이용된다. 피오르는 노르웨이의 해안 등에서 볼 수 있다.

노르웨이의 피오르

우는 체하다가 일제히 도망쳤다.

그러자 의기양양해진 왜선들은 일제히 넓은 바다까지 쫓아 나왔다.

"기회는 이때다!"

숨어 있던 이순신의 함대는 따라 나오는 왜선을 향하여 양쪽에서 동시에 달려들었다.

이순신의 함대와 왜군의 배가 맞붙어 싸움을 시작했다. 거북선이 먼저 왜군의 배를 향해 돌격했다.

"한 척도 남기지 말고 모두 쳐부숴라!"

이순신이 호령했다.

왜군의 장수가 탄 배가 불길에 휩싸이자, 뒤따르던 다른 배들도 뿔뿔이 흩어져 도망치기 시작했다.

우리 수군이 왜선을 쫓아가며 맹렬히 공격을 퍼부었다.

다급해진 왜선들은 자기들끼리 충돌하여 배가 두 조각 나기도 하고 화염에 휩싸이기도 했다. 왜군들은 급한 나머지 물에 뛰어들어 해안으로 헤엄쳐 갔다.

이순신은 배 한 척만을 남겨 둔 채 왜선을 모두 불살라

버리고 그 자리를 떠났다.

　적선을 한 척 남겨 놓은 이유는 왜군들이 그 배를 타고 바다로 도망치게 하여 노략질하는 걸 막기 위해서였다.

　도망칠 배가 없다면 육지에 상륙한 왜군들이 마을로 들어가 행패를 부리며 살상할 것이 뻔했기 때문이다.

　아니나 다를까 이순신의 함대가 그곳을 떠나자 육지로 도망쳤던 왜군들이 남은 한 척의 배를 타고 바다로 나왔다.

　이순신은 이들을 지키고 있다가 바다로 나오는 그들마저 전멸시켜 버렸다.

　6월 7일에는 이순신과 이억기가 거느린 전라도 연합 함대가 영등포(지금의 거제시 장목면)에 머무르고 있던 왜군의 큰 배 5척과 작은 배 2척을 찾아내 무찔렀다.

　결국 네 번에 걸친 싸움에서 모두 이겼는데 이 싸움을 통틀어 '당포 해전'이라고 일컫는다.

　이 싸움에서 격파된 왜선은 무려 60여 척이었다. 이순신은 그 외에 많은 조총과 무기를 빼앗았다.

　이순신의 활약으로 바다에서 우리 수군이 대승을 거두고

있을 때, 육지에서는 이와 반대로 패전을 거듭하고 있었다.

왜군은 6월 중순께 평양을 점령했고, 7월에는 함흥마저 함락시키고 말았다.

조정에서는 왜군의 침략에 속수무책으로 당하면서 명나라의 구원병이 오기만을 기다리고 있었다.

한편, 일본의 도요토미 히데요시는 자신들의 수군이 조선의 수군과 맞서 싸우기만 하면 크게 패한다는 소식을 듣고 안절부절못하고 있었다.

그의 계획대로라면 육지로 올라가는 동시에 수군이 바다를 장악하여 조선을 완전히 손아귀에 넣는 것이었다.

그러나 전라 좌수사 이순신에 의해 계획이 좌절되었을 뿐만 아니라 육지로 올라간 군사들의 보급조차 원활하지 못해 자칫 독 안에 든 생쥐 꼴이 될까 두려웠다.

도요토미 히데요시는 해안의 중요한 곳마다 성을 쌓고 지키도록 했다. 군사들의 보급로만은 어떠한 일이 있어도 확보하자는 생각에서였다.

그리고 일본 수군 가운데 가장 유능한 와키자카 야스하루에게 군사를 내주며 조선의 수군을 쳐부수라는 명령을 내렸다.

왜군은 부산에 모여 전열을 가다듬었고 공명심에 눈이 먼 장수들은 튼튼한 배 70여 척에 나눠 타고 통영으로 향했다.

그러나 이순신은 이들의 행동을 비밀리에 탐지했다.

"적이 공격하기 전에 우리가 먼저 쳐부숴야 하오."

이순신은 연합 함대를 조직하여 출발하기로 작전 계획을 세우고, 전라 우수사 이억기에게 이 사실을 알렸다.

"7월 4일, 우수군의 배를 이끌고 좌수영으로 모이시오."

"알겠습니다, 장군."

마침내 그날 아침, 전라 우수군의 함대가 좌수영에 모이고, 경상 우수사 원균이 배 7척을 끌고 와서 합세했다.

이로써 우리 수군은 90여 척이 넘는 당당한 대함대가 되었다.

그러나 그날은 심한 동풍이 불어 연합 함대는 더 나아가지 못하고 당포에 닻을 내렸다.

　다음 날 해 질 무렵이었다.

　김천손이라는 피난민이 아주 중요한 정보를 제공해 주었다. 크고 작은 왜선 70여 척이 견내량에 머물고 있다는 것이었다. 이것이 바로 와키자카 야스하루의 함대였다.

　7월 8일 새벽, 당포 앞바다에 정박 중이던 조선의 연합 함대는 전속력으로 한산도 쪽을 향해 달려갔다.

　한산도 앞에 다다르자, 왜군의 정탐선 2척이 우리 함대를 발견하고는 꽁지가 빠지게 도망쳤다.

　"저 배를 쫓아라!"

　정탐선을 뒤쫓아가니, 포구 안에는 큰 배 36척, 중간 배 24척, 작은 배 13척 등 왜군의 함대가 머물고 있었다.

　이순신은 깃발을 신호로 하여 여러 장수들을 불러들이고 명령을 내렸다.

　"주력 함대는 포구와 섬 그늘에 숨어 모습을 보이지 말고 신호를 보낼 때까지 기다려라!"

　그러고는 어영담에게 명령했다.

"그대는 지금 곧 작은 배 5척을 거느리고 견내량 앞바다로 가 왔다 갔다 하며 적의 함대를 유인하여 바다 가운데로 끌어내도록 하시오."

이순신은 어영담이 이끄는 배가 바다 가운데로 나타나기를 기다렸다. 그러나 한낮이 지났는데도 그림자조차 보이지 않았다.

'왜선의 공격을 받은 게 아닐까?'

한참을 초조하게 기다린 끝에 수평선 위로 배가 나타났다.

"어영담의 배가 틀림없군."

그 뒤로 포성을 울리며 왜군의 함대가 쫓아왔다.

"그래, 생각대로 되어 가는구나."

숨어 있던 배들이 북소리를 울리며 일제히 바다 가운데로 나아가 공격했다.

거북선이 제일 앞장서서 닥치는 대로 적선을 들이받았다. 그러자 다른 배들도 그 뒤를 이어 공격을 가했다.

순식간에 한산도 앞바다는 함성과 대포 소리로 가득했다. 그리고 화살과 불화살이 수없이 하늘을 날았다.

해가 서산으로 기울고 싸움의 기세가 한풀 꺾이어 살펴보니 왜선은 59척이 부서졌고, 적장 와키자카는 간신히 목숨만 구한 채 달아났다. 참으로 통쾌한 승리였다.

그러나 이순신은 이에 만족하지 않고 7월 10일에도 안골포에 머물고 있던 왜선을 40여 척이나 격침했다.

이 두 차례의 싸움이 바로 행주 대첩, 진주 대첩과 함께 임진왜란 3대첩의 하나인 '한산도 대첩'이다.

한산도 대첩의 승리를 전해 듣고 조정에서는 이순신에게 정2품인 정헌 대부의 벼슬을 내렸다.

임진년이 거의 끝나 갈 무렵인 12월, 명나라 장수 이여송이 5만 명의 군사를 이끌고 압록강을 건너왔다.

이와 때를 같이하여 한 놈의 왜군이라도 우리 손으로 때려잡자는 의병이 곳곳에서 일어났다.

그리하여 그 이듬해에는 평양성을 다시 찾고 남쪽으로 진군했다. 그러자 왜군들은 곳곳에 성을 쌓고 방어만을 하며 명나라와 협상을 추진했다.

그러나 우리나라는 다음 해 2월 웅천에서 이순신이 다시 한번 큰 전과를 올리고, 또한 행주산성에서는 권율 장군이 큰 승리를 거두었다.

그사이 전투에서 후퇴만을 거듭하던 명나라의 장수 이여송은 심유경을 한성으로 보내 왜군의 장수 고니시 유키나가에게 협상을 요청했다.

그들은 우리의 조정에 알리지도 않고 저희끼리 협상을 추진해 나갔다.

만약에 조정에서 그 사실을 알면 협상에 반대할 것이 뻔했으므로 비밀리에 의논했다.

그 결과 왜군은 한성에서 물러나고 그 대신 명나라 군사가 한성으로 들어왔다.

그때가 4월 19일이었다.

왜군은 내려가면서 다시 진주를 공격했다. 이렇게 해서 9월 28일 진주가 왜군들의 손에 쑥대밭이 되었다.

선조가 한성에 돌아온 것은 그해 10월 4일이었다.

선조는 한성으로 돌아왔지만, 대궐이 불에 타 정릉골(지금의 정동)의 원산 대군이 살던 집에서 임시로 머물렀다.

그 무렵은 곡식을 거두어들일 때였지만, 곡식을 왜군들에게 모두 약탈당해 양식을 구하기가 퍽 어려웠다.

이 소식을 듣고 이순신은 저장한 군량미를 임금에게 보냈다.

한편, 조정에서는 수군의 필요성과 중요함을 뒤늦게나마 알고 한산도에 수군 통제영을 두었다.

그리고 이순신을 삼도 수군통제사로 임명했다.

삼도 수군통제사는 충청도, 전라도, 경상도 등 삼도의 수군을 맡아 지휘 통제하는 권한을 가진 직책이었다.

역사 속으로

한산도 대첩

임진왜란 때 한산도 앞바다에서 이순신이 이끄는 조선 수군이 일본 수군을 크게 무찌른 해전을 말한다.

1592년(선조 25년) 임진왜란 초기 옥포, 적진포, 당포, 당항포, 율포 등의 해전에서 이순신이 이끄는 조선 수군은 일본군을 대파했다. 일본군은 당초에 부산에서 한반도의 서남 해안을 돌아 육지와 바다를 한꺼번에 공략하려는 작전을 펴려다가 실패하자 이에 육상으로 전라도를 공격하여 조선 수군의 후방을 교란하는 한편 수군의 총역량을 전라도에 집결시켜 반격하는 작전을 세웠다.

조선 수군과 일본 수군이 만난 장소는 견내량이었다. 그러나 견내량의 지세는 포구가 좁고 암초들이 많아서 판옥선을 많이 가지고 있던 조선에 불리했으며, 일본군에게는 위급하면 육지로 도망갈 수 있는 길이 열려 있었다.

따라서 이순신은 견내량으로부터 일본군을 유인하여 한산도

〈한산대첩 기록화〉

앞바다로 끌어 낼 계획을 세웠다. 그리하여 먼저 판옥선 몇 대로 일본의 함대를 유인하여 한산도 앞바다로 끌어 내고 급히 뱃머리를 돌려 학익진(학의 날개 모양으로 적을 포위하는 방법)을 치고 각종 총통을 발사해 적선 2~3척을 쳐부수었다. 또 당황하여 도망가는 일본군을 맹렬히 공격하여, 47척을 쳐부수고 12척을 나포했으며 엄청난 숫자의 적을 섬멸하는 성과를 올렸다. 한산도 대첩은 진주 대첩, 행주 대첩과 함께 임진왜란의 3대 대첩으로 역사에 기록되었다.

삼도 수군통제사

조선 시대 충청도, 전라도, 경상도, 삼도의 수군을 지휘하는 총사령관을 말한다.

원래는 각 도의 수군절도사가 수군을 지휘했으나, 1592년(선조 25년) 임진왜란이 일어나자 수군의 지휘 계통을 하나로 통합하기 위해 선조가 전라 좌수사 이순신을 삼도 수군통제사로 임명한 것이 시초였다. 이순신은 한산도에 통영을 두고, 수군을 총지휘하여 여러 전투에서 왜군을 물리치는 쾌거를 이룩했다.

삼도 통제사 무덤 복식 중 웃옷의 일종인 단령(왼쪽 위)과 얼굴을 가린 멱목(왼쪽 아래), 손장갑인 악수(오른쪽 위, 가운데) 및 칠성판(오른쪽 아래)

백의종군

어느덧 세월이 흘러 1597년(선조 30년), 이제 왜군들은 이순신의 함대라는 소리만 들어도 놀라 도망치기에 바빴다.

반면에 우리나라 수군은 싸울 때마다 이겨 군사들의 사기가 하늘로 치솟는 듯했다.

그뿐만 아니라 전선 500여 척을 거느린 막강한 수군을 자랑하고 있었다.

그 무렵 이순신은 난중일기에 자신의 심정을 시로 지어 읊었다.

한산섬 달 밝은 밤에 수루에 홀로 앉아

큰 칼 옆에 차고 깊은 시름 하는 차에

어디서 일성호가는 남의 애를 끊나니

또한 어머니에 대한 효심이 누구보다 깊었는데, 그가 임진왜란 중에 쓴 <난중일기>에 그 마음이 잘 나타나 있다.

그때쯤 왜군은 다시 조선의 침략 계획을 세우고 첩자 요시라를 경상 우도 병마절도사 김응서에게 보내 거짓 정보를 알렸다.

"가토 기요마사가 1월 7일에 부산에 올 것이니 그때 그들

〈수루〉
임진왜란 때 이순신이 왜군의 동태를 살피던 곳이다.

을 쳐부수면 더없이 좋은 기회일 것입니다."

김응서는 이 같은 거짓 계략의 말을 곧이듣고 상관인 권율에게 알렸다.

"그게 사실이오?"

또 권율은 이를 조정에까지 보고했다.

"왜군이 정월 초이렛날 부산진에 당도한답니다."

선조는 이 기회를 잡아야 한다는 생각이었다.

"그렇다면 좋은 기회이지 않소?"

"그러하옵니다, 전하."

임금은 서둘러 이순신을 불러들인 후 말했다.

"왜군이 부산에 모인다고 하니, 이 기회를 이용해 물리치도록 하시오."

하지만 왜군의 속임수를 눈치챈 이순신은 섣불리 움직이지 않았다.

'아무리 어명이라 할지라도 불구덩이로 들어갈 수는 없는 일이다.'

이순신이 군대를 움직이려 하지 않는다는 소식에

서인들은 몹시 기뻐했다.

"뭣이? 이순신이 움직이려 하지 않는다고?"

"그럼, 어명을 거역한 것이 아니오?"

"어명을 거역하는 것은 곧 죽음이오!"

"후후후, 드디어 걸려들었군."

서인들은 이 사실을 곧바로 임금에게 알렸다.

"전하, 이순신을 엄하게 벌해야 하옵니다."

"그러하옵니다. 역모의 죄로 다스려야 할 줄 아옵니다."

"음……."

서인들은 어명을 따르지 않은 이순신에게 큰 벌을 내려야 한다고 야단이었다.

게다가 이순신을 시기하는 원균도 그를 모함하는 글을 조정에 올렸다.

마침내 1597년 2월, 이순신은 어명을 어긴 죄로 한성으로 이송되었다.

"장군, 어인 일이십니까?"

"하늘도 무심하지. 어떻게 장군께서……."

수군과 백성들은 목 놓아 울었다. 한성의 옥에 갇혀 온갖 고생을 하던 이순신은 죽을 고비를 맞았으나 판중추부사 정탁의 상소로 두 번째 백의 종군을 하여 도원수 권율 장군이 있는 경상도 초계 땅으로 떠났다.

초계 땅으로 향해 가는 도중에 이순신은 슬픈 소식을 접하게 되었다.
어머니가 세상을 떠났다는 것이었다.
"어머니, 어머니!"

〈제승당〉
임진왜란 때 이순신이 삼도 수군을 지휘하던 사령부이다. 통영시 한산면 한산도에 있다.

이순신의 마음은 어머니를 잃은 슬픔에 찢어지는 듯했다. 군 생활로 정성껏 모시지 못한 게 더욱 가슴 아팠다.

이순신은 슬픔을 억누르며 아산 본가로 돌아왔으나 죄인의 몸이라 장례도 치르지 못하고 곧 길을 떠나야 했다.

한편, 이순신이 한성으로 잡혀간 뒤부터 남해는 왜군들의 소굴이었다.

이순신을 대신하여 수군통제사가 된 원균은 왜군에 대비한 뚜렷한 방안도 세우지 않고, 술을 마시며 빈둥거리기만 했다.

이 무렵, 왜군은 지난 싸움에서 이순신 함대에 참패한 경험을 거울삼아 치밀한 계획을 세웠다.

달이 밝은 날을 이용하여 불시에 우리 수군을 향해 공격을 가해 왔다.

원균을 비롯한 3도 수군들은 수백 척의 전선을 이끌고 나가 맞섰다. 그러나 우리 수군 4백여 명을 잃으며 칠천량으로 쫓기고 말았다.

이러한 보고를 받은 도원수 권율은 원균을 불러 엄하게

꾸짖었다. 그리고 다시 출동 명령을 내렸다.

7월 5일, 원균은 아무런 작전도 없이 삼도의 모든 수군 전함 500여 척을 출동시켰다.

그러나 원균의 군대가 올 것을 알고 있던 왜군은 빈틈없는 작전을 세우고 우리 함대가 나타나기를 기다리고 있었다.

결국 이 해전에서 우리 함대는 비참한 최후를 맞았다.

전라 우수사 이억기, 충청 수사 최호, 조방장, 배호림 등 장수들이 모두 전사하는 참패를 당했다.

또한 이순신이 피땀으로 이루어 놓았던 한산도의 기지마저 모두 부서지고 말았다.

이로써 이순신이 그토록 몸을 아끼지 않고 지키던 한산도 진영과 수군은 눈 깜짝할 사이에 자취도 없이 사라졌다.

"뭣이? 한산도까지 적의 수중에 넘어갔다고?"

"어쩔 것이오? 이대로 내버려 두란 말이오?"

조정에 우리 수군이 참패했다는 소식이 전해지자 대신들은 배도 없으니 수군을 없애고 육군으로 합치자고 했다.

이에 이순신은 선조에게 장계(신하가 자기 관하의 중요한

일 왕에게 보고하는 문서)를 보냈다.

'지금 신에게는 아직도 열두 척의 전선이 있사오니 죽을힘을 내어 맞아 싸우면 이길 수 있습니다. 지금 만약 수군을 모두 폐한다면 이는 적들이 다행으로 여기는 바로서, 말미암아 호서를 거쳐 한강에 다다를 것이니 소신이 두려워하는 바입니다. 비록 전선의 수가 적으나 미천한 신이 아직 죽지 아니하였으니 왜적들이 감히 우리를 업신여기지 못할 것입니다.'

선조는 탄식했고, 병조 판서 이항복이 아뢰었다.
"이번 일은 원균의 잘못으로 패한 것이오니 이순신을 다시 통제사로 등용하는 것이 좋을 듯합니다."
선조는 머리를 끄덕이며 이순신을 다시 삼도 수군통제사로 임명한다는 교서를 내렸다.
선조의 교서를 지닌 선전관은 급히 말을 달려 도원수 권율의 막사로 향했다.
이로써 이순신은 6개월 만에 다시 삼도의 수군통제사로

직무를 수행하게 되었다.

　삼도 수군통제사로 임명된 이순신은 곧 남해로 내려와 남아 있는 병선을 모았다. 한창때는 500여 척이나 되던 우리 수군의 배는 겨우 12척만 남아 있었다.

　그나마 배 3척은 여기저기 파손되어 수리해야만 사용할 수 있었다.

　이순신은 곧바로 파손된 배를 수리하여 12척의 병선을 이끌고 벽파진(지금의 진도군 고군면)으로 옮겼다.

　이 벽파진은 서해에서도 조수가 급하기로 유명한 명량(울돌목) 해협이 있는 곳이었다.

　명량 해협은 목포 앞바다로 들고나는 바닷물이 통하는 좁은 길로 되어 있었다.

　이곳에 도착하자 이순신은 군사들을 시켜 병선을 손질하고 또 다른 군사들에게 굵은 쇠줄을 만들어 물속에 설치했다.

　1597년 9월 14일, 이날 날씨는 맑았으나 북풍이 세차게 불고 있었다.

때마침 왜선 2백여 척이 서해로 나아가기 위해 바다를 까맣게 덮고 쳐들어온다는 보고가 들어왔다.

이순신은 즉시 12척의 배를 이끌고 명량을 지나 전라 우수영 앞바다로 나아가 진을 쳤다.

수많은 왜선을 보자 수군은 동요했다.

'비록 우리 전선의 수가 적으나 적선을 물길이 좁은 명량으로 유인하여 일시에 몰살시킨다면 승산이 있다.'

이순신은 치밀하게 사전 준비를 마치고 군사들을 모아 사기를 북돋우며 말했다.

"우리가 죽기를 각오하고 싸우면 모두 살 것이요, 살기를 위해 도망친다면 모두 죽을 것이다. 비록 우리의 수는 적으나 다행히 유리한 길목을 지키고 있으니, 적을 겁내거나 두려워하지 말고 용감히 싸워라!"

9월 16일 새벽, 왜군의 배 130여 척은 명량의 좁은 물길을 따라 벽파진까지 공격해 와서는 우리 배 12척을 에워쌌다.

하지만 이순신은 조금도 흐트러짐 없이 군을 지휘했다.

마침내 치열한 대격전이 벌어졌다.

천지를 진동하는 대포 소리와 자욱하게 피어오르는 화약 연기에 눈앞을 분간할 수 없었다.

이순신은 순식간에 적의 배 3척을 가라앉히고, 왜장이 타고 있는 적선에 다가섰다.

"자, 받아라!"

이순신이 적장의 가슴을 향해 힘껏 활을 당기자 화살은 그대로 가슴을 꿰뚫었다.

왜장이 화살을 맞고 쓰러지자 왜군은 사기가 꺾여 허둥대기 시작했다.

"앗, 대장이 죽었다!"

왜장의 죽음으로 사기가 오른 우리 수군은 북소리를 요란하게 울리며 용맹스레 적에게 달려들었다.

한편 우리 수군에 밀린 왜선은 명량 바닷속에 쳐 놓은 쇠줄에 걸려 오도 가도 못 했다.

이 틈을 이용해 이순신은 왜군의 적선 31척을 쳐부쉈다. 10여 척의 배와 2백 명도 안 되는 군사로 큰 승리를 거둔

것이다.

이 싸움이 바로 세계 해전사에 길이 빛날 명량 대첩이다.

이순신은 다시 우리 수군을 고금도(완도의 섬)로 옮기고 다음 싸움을 위해 군세를 정비했다.

한편, 1598년 7월이 되자 명나라에서는 수군 제독(해군의 함대 사령관) 진린을 비롯한 5천 명의 증원군을 보내왔다.

진린은 고금도에서 이순신이 이끄는 조선 수군의 활약을 보고 감탄했다.

"역시 통제사는 나라의 기둥이 될만한 신하로다. 옛날의 명장인들 어찌 이보다 나을까."

진린은 성격이 오만한 자였으나, 이순신의 인품을 겪어 보고 진심으로 존경하는 마음이 생겨 이순신을 적극적으로 돕기 시작한다.

우리 수군의 사기는 더욱 높아졌다.

그런 가운데 그해 8월, 일본에서는 침략의 우두머리인 도요토미 히데요시가 병으로 죽었다는 소식이 전해졌다.

도요토미 히데요시는 죽으면서 우리나라에 들어와 있던 군대를 철수시키라는 명령을 내렸다.

왜군들은 자기 나라로 가기 위해 순천, 남해, 곤양, 사천 등지의 병선 500여 척을 노량 앞바다에 집결시켰다.

이 소식을 듣고 이순신은 원수를 갚을 마지막 기회로 생각하고 명나라 수군 제독 진린을 불러들였다.

"왜군들이 노량 앞바다로 모인다는데 이 기회를 놓치지 말고 쳐부숴야겠소."

"장군의 뜻이 정 그러시다면 우리 같이 싸우도록 합시다."

이순신은 명나라 수군 제독 진린과 상의하여 최후의 일전을 벌이기로 합의했다.

1598년(선조 31년) 11월 19일 새벽, 이순신이 이끄는 우리 함대와 진린의 명나라 수군은 노량 앞바다에 도착했다.

진린의 군사는 노량진 목에 진을 치고, 이순신의 군사는 섬 그늘 밑에 진을 쳤다.

"적선이 가까이 오면, 신호에 따라 공격하라!"

이순신은 부하들에게 명령을 내렸다.

왜군의 배를 맞아 명나라의 수군이 맞서 싸웠다.

명나라 군사도 왜군도 한 치의 양보 없는 치열한 싸움을 벌였다.

이 싸움에서 명나라 장수 등자룡이 판옥선에 올라탄 왜군과 싸우다 전사했다.

"앗, 제독님이?"

이 틈에 기세가 오른 왜군은 명나라 수군 제독 진린의 배를 포위하여 집중 공격을 퍼부었다.

이때 멀리서 이 광경을 지켜보던 이순신이 배를 몰아 포위하고 있던 적의 배를 공격했다.

"공격하라!"

그러자 삽시간에 온 바다는 왜군의 시체로 뒤덮였다.

그러나 이 일을 어찌 알았으랴!

최후의 발악을 하며 도망치던 적선에서 날아온 유탄이 이순신의 왼쪽 겨드랑이를 꿰뚫은 것이다.

"으윽!"

이순신은 무섭게 왜군을 노려본 채 신음하며 쓰러졌다.

"방패로 나를 가려라."

이순신은 곁에 있던 아들 회와 조카 완에게 말했다.

"싸움이 급하다. 지금 싸움이 한창이니, 나의 죽음을 알리지 말라!"

그러고는 조용히 눈을 감았다.

이때가 이순신의 나이 쉰네 살이었다.

이순신은 세상을 떠났지만 싸움은 계속되었다.

우리 수군은 노량 해전에서 왜선 450여 척을 격침하는 큰 승리를 거두었다.

명나라 수군 제독 진린은 자기를 구해 준 이순신의 배 가까이 다가오며 소리쳤다.

"장군, 큰 승리를 거두었소. 어서 나오시오."

이때 조카인 완이 울면서 말했다.

"숙부님은 전사하셨습니다."

진린은 바닥에 주저앉아 통곡했다.

"아니, 장군이 죽다니? 나를 구해주었는데 이 무슨 일이란 말입니까"

그제야 이순신의 죽음을 알고 배 안에 있던 모든 군사가 몰려와서 목놓아 울었다.

"장군님이?"

"장군님, 흑흑!"

노량 해전의 승리와 함께 이순신은 전사했고, 7년간의 왜란은 모두 끝나게 되었다.

이순신의 유해는 나라 안 모든 백성의 슬픔 속에서 고향인 충청남도 아산으로 옮겨졌다.

선조는 이순신의 장례를 나라에서 치르게 하고 '충무'라는 시호와 함께 좌의정으로 추증했다.

추증은 공을 많이 세운 벼슬아치에게 죽은 뒤에 벼슬을 높여 주는 것을 말한다.

그리고 정조 18년(1794년)에 영의정에 추증되었다.

이순신의 생애

이순신은 지금의 서울 특별시 인현동에서 아버지 이정과 어머니 변 씨 사이에서 태어났다. 서른두 살의 늦은 나이에 식년 무과에 병과로 급제하여 훈련원 참군, 정읍 현감 등을 역임했고, 전라 좌도 수군절도사 때는 전쟁에 대비하여 병기를 수선하고 거북선을 만들었다. 1592년 임진왜란이 일어나자 옥포, 사천 등지에서 왜군과 싸워 승전의 깃발을 드높였다.

이순신
(**李舜臣** 1545~1598, 인종 원년~선조 31년)

1545년
지금의 서울특별시 중구 인현동인 한성의 건천동에서 이정의 아들로 태어났다.

1556년
열두 살의 어린 나이였으나 학문과 무예에 뛰어났으며 같은 마을에 사는 류성룡과 절친한 친구 사이였다. 이 무렵 집안이 더욱 어려워져 충청도 아산으로 이사했다.

1576년
서른두 살의 나이로 식년 무과에 병과로 급제했으며, 그 이듬해 동구비보의 권관으로 첫 벼슬길에 올랐다.

1580년
훈련원 봉사와 충청도 병마절도사의 군관으로 육군에 있다가 전라도 발포의 수군만호로 발령을 받아 수군과 인연을 맺게 되었다. 그러나 경차관으로 내려온 서익의 모함으로 만호에서 파면되고 다시 훈련원 봉사를 거쳐 조산보의 만호가 되었다.

1587년
조산보 만호와 녹둔도 둔전관을 겸하며 일하던 중 여진족이 침입하자 적은 군사를 이끌고 나가 이들을 물리쳤다. 하지만 상관인 북병사 이일의 모략으로 백의종군하게 되었다.

1591년
어릴 적 친구 류성룡의 추천으로 전라 좌수사에 올랐다. 이 무렵부터 왜군의 침략에 대비하여 군사들을 훈련시키고 거북선을 만들기 시작했다.

1592년
그동안 만들어 온 거북선을 완성하자마자 임진왜란이 일어나 거북선을 앞세워 큰 활약을 했다. 옥포 해전에서 승리를 거두었고 당항포와 한산도에서도 계속 승리하여 그 공으로 정헌 대부가 되었다.

1593년
삼도 수군통제사가 되어 한산도로 진을 옮겼다.

1597년
원균의 모함으로 옥에 갇혀 죽을 고비를 맞았으나 원로 대신 정탁의 상소로 다시 한번 백의종군하며 권율 장군 밑으로 들어갔고 이 틈을 이용한 왜군의 재침범으로 정유재란이 시작되었다. 바다를 지키고 있던 원균이 참패하자 선조는 이순신을 다시 삼도 수군통제사에 임명했다.

1598년
한반도에서 물러나는 왜선을 쫓아가 노량 해전에서 싸우다가 적의 유탄에 맞아 장렬한 최후를 맞았다.